# Este libro pertenece a

_________________________

# Trazar y colorear

# Cuadrado

# Círculo

Círculo Círculo

# Triangulo

TrianguloTriangulo

# Rectangulo

Rectangulo

# Diamante

# Estrella

Estrella Estrella

# Pentagono

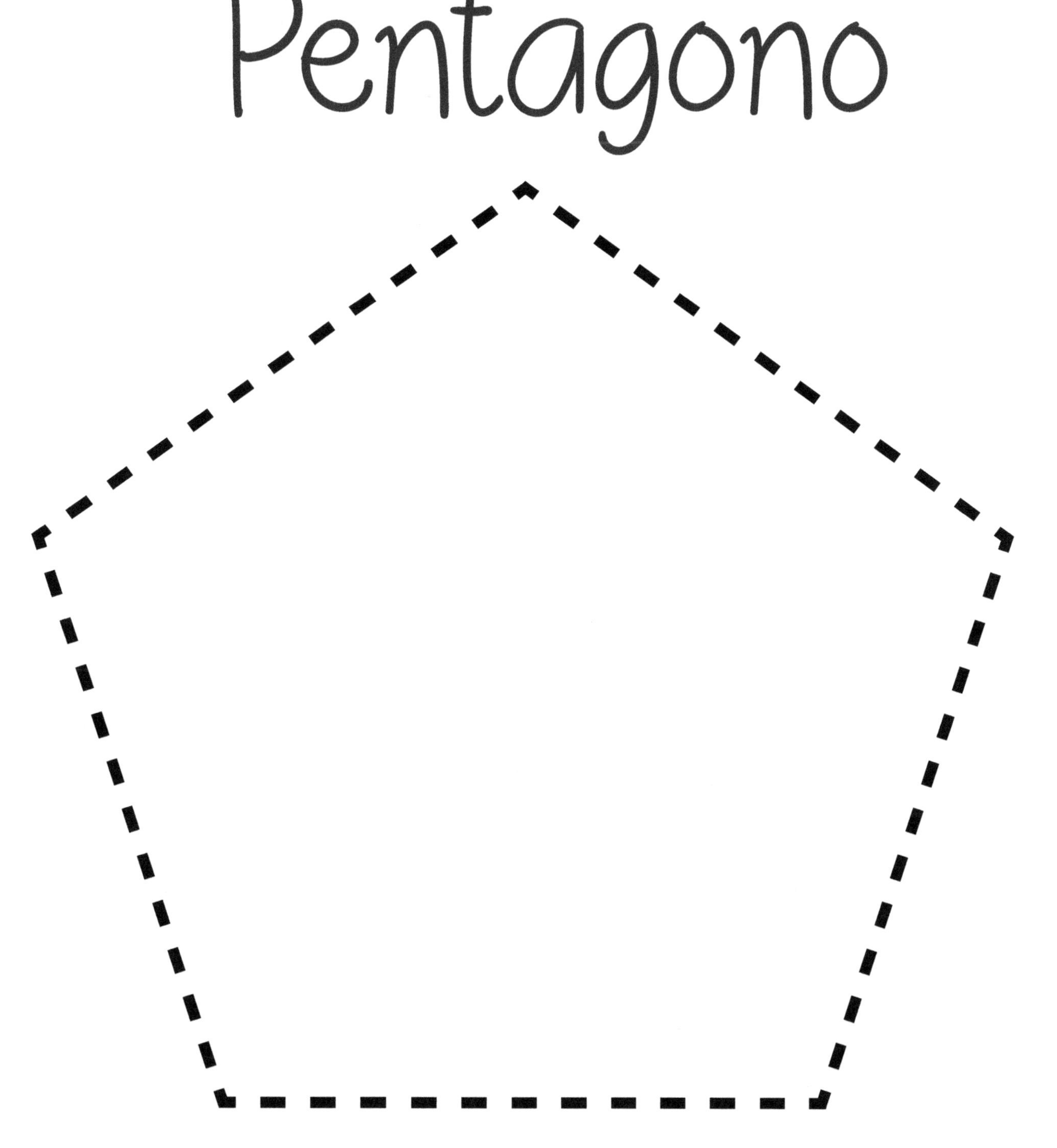

# Hexagono

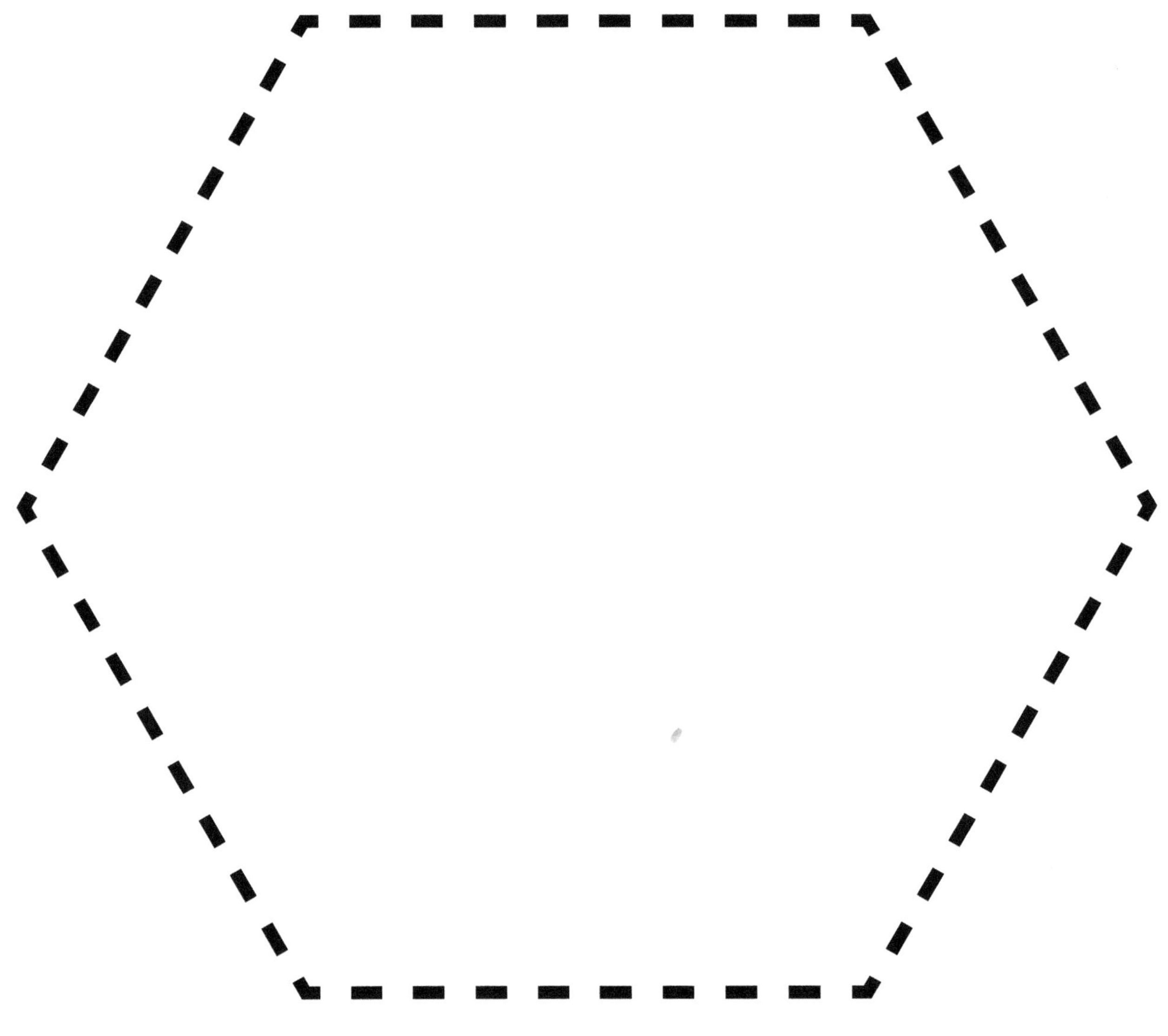

Hexagono

# Oval

Oval Oval Oval

# Hacer coincidir las formas con los nombres

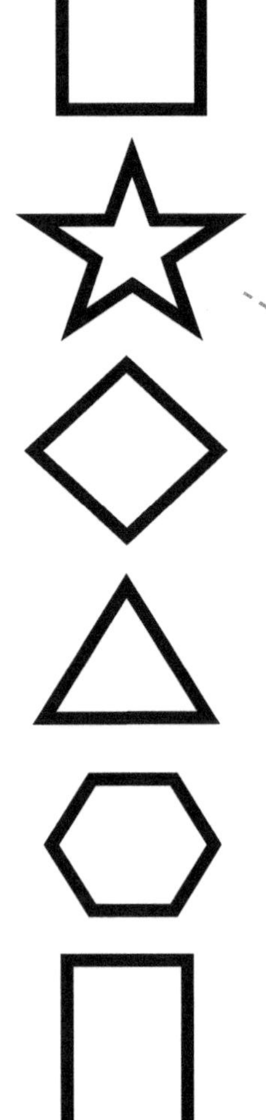

CUADRO

CIRCULO

TRIANGULO

ESTRELLA

HEXAGON

PENTAGON

OVAL

RECTANGULO

DIAMANTE

Coloreame

# Copiar la imagen

# Copiar la imagen

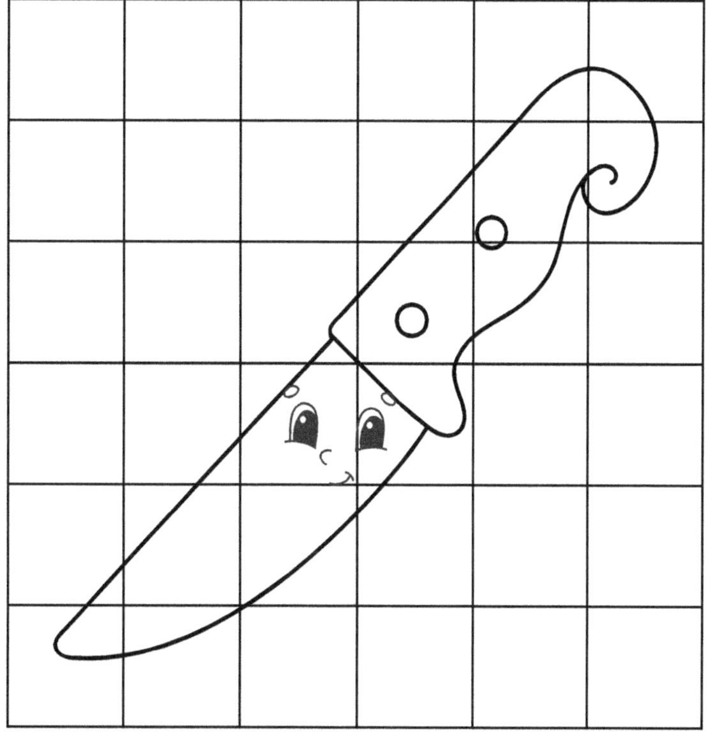

# Copiar la imagen

# Copiar la imagen

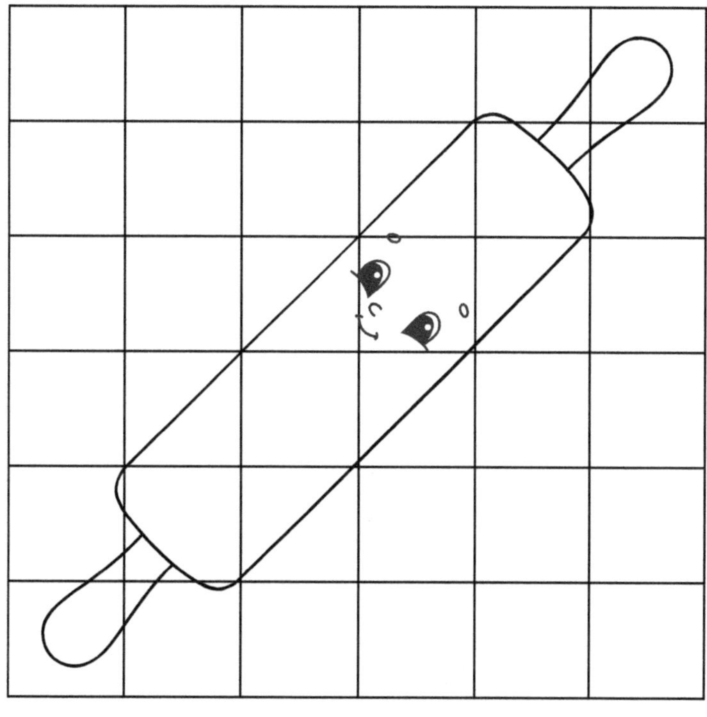

# Punto a punto y color

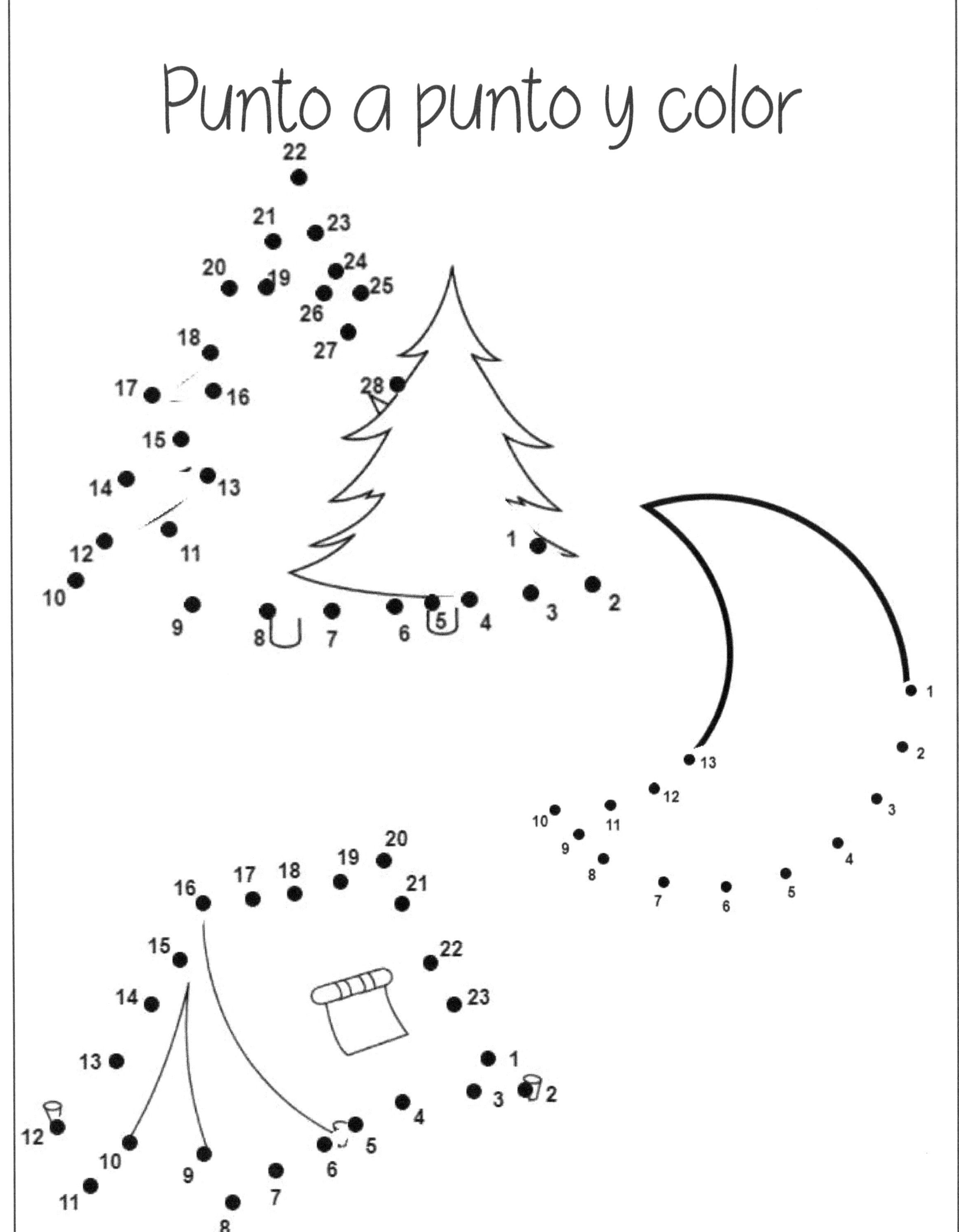

# Punto a punto y color

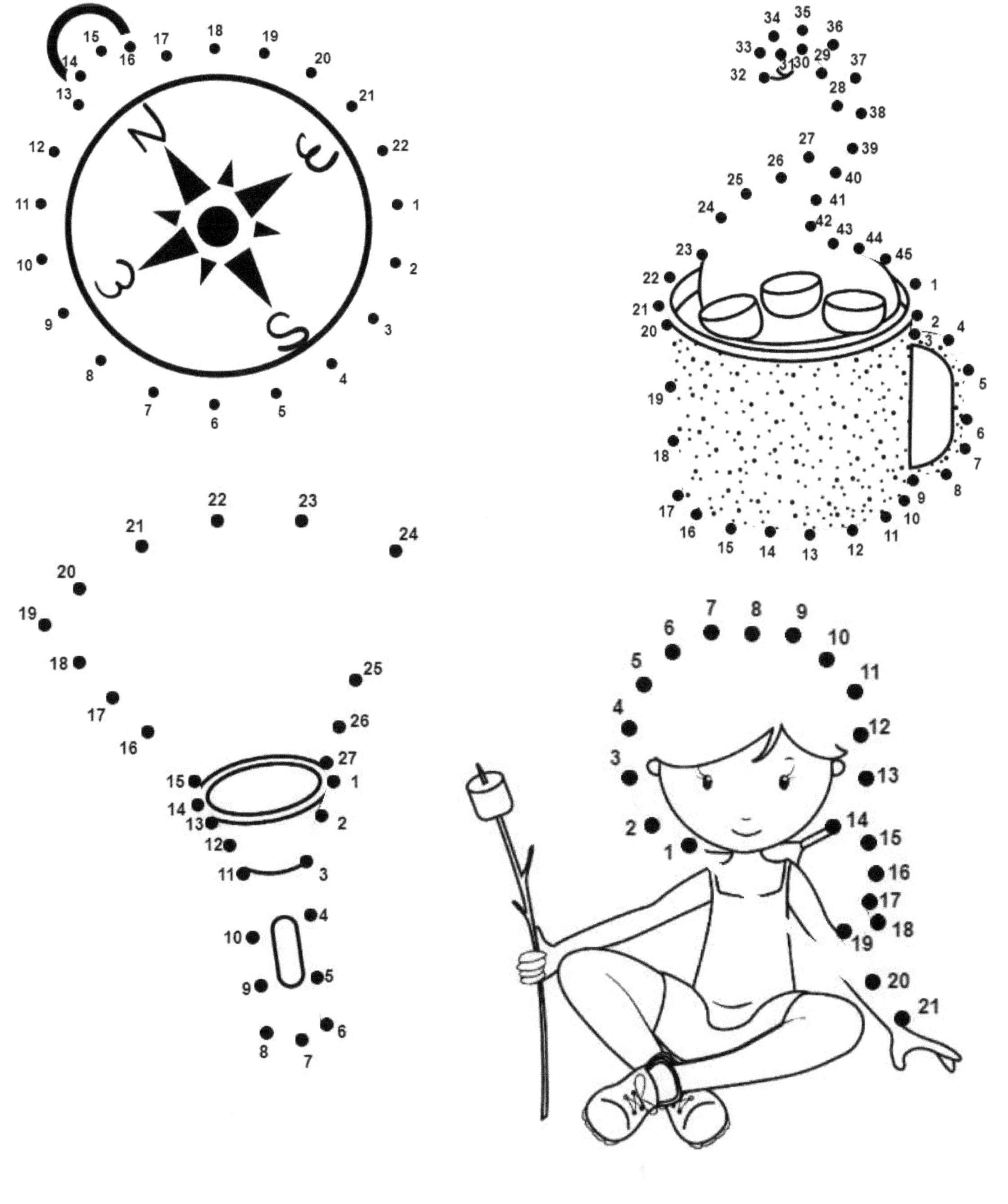

# Punto a punto y color

# Punto a punto y color

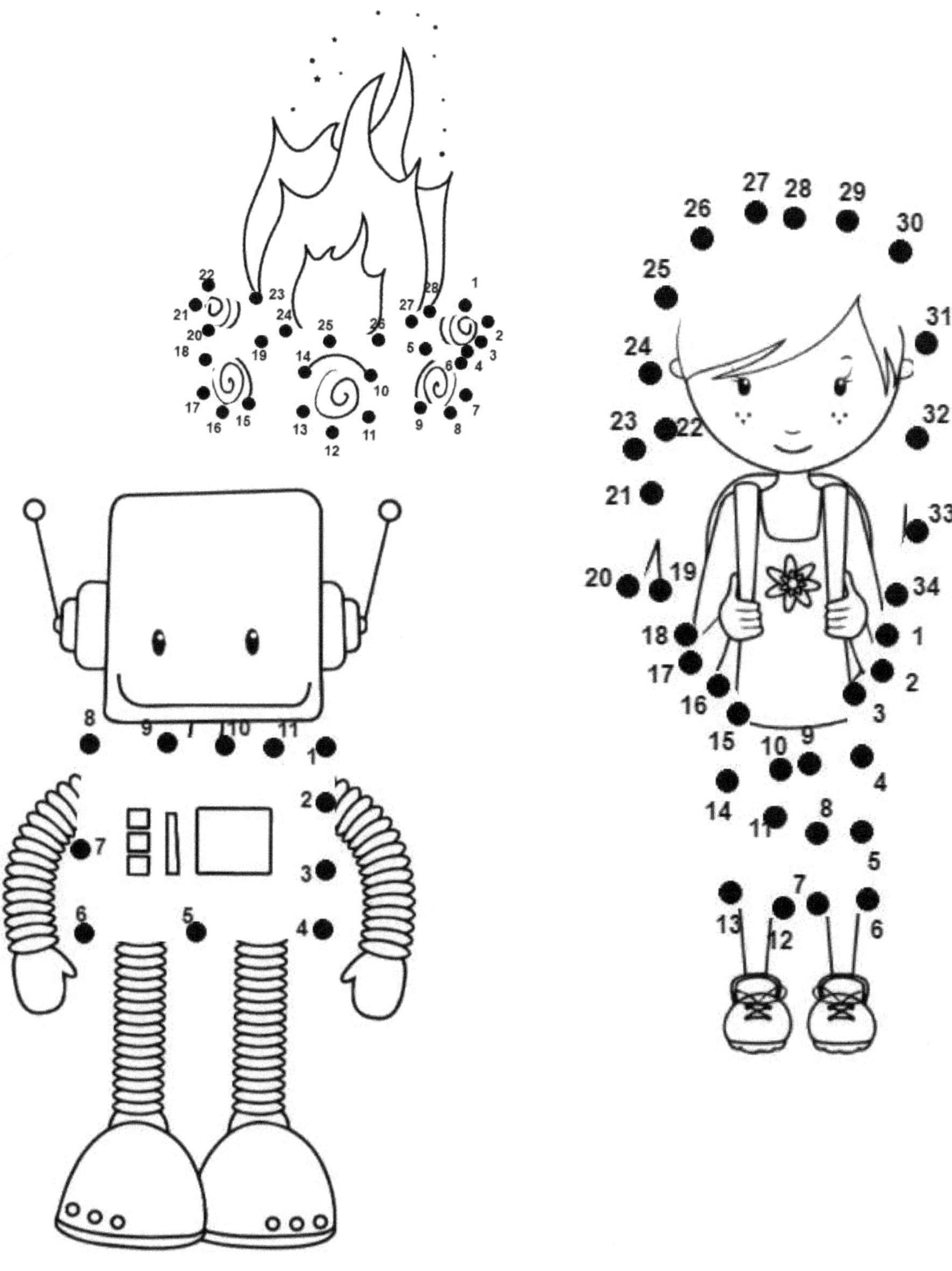

# Punto a punto y color

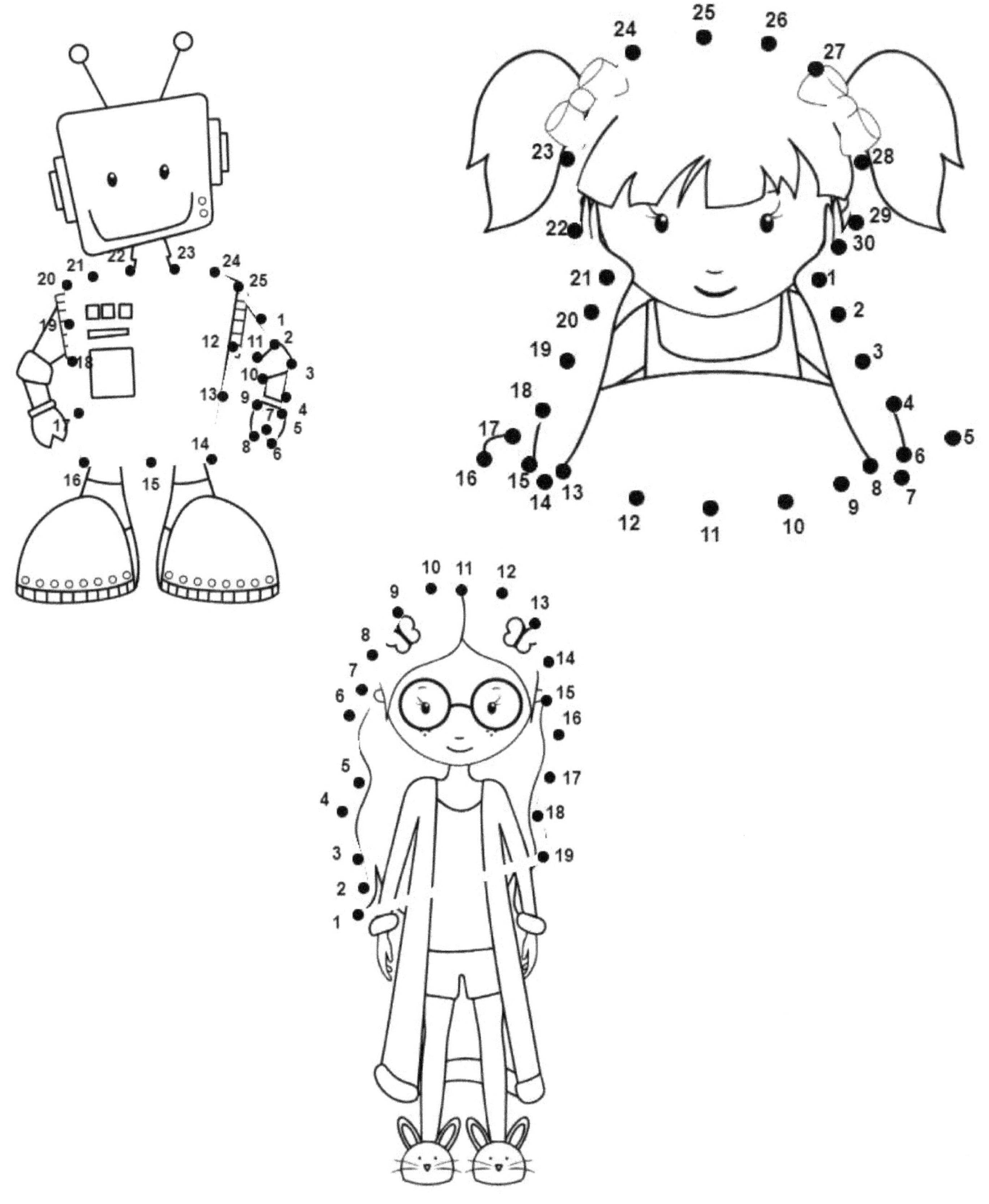

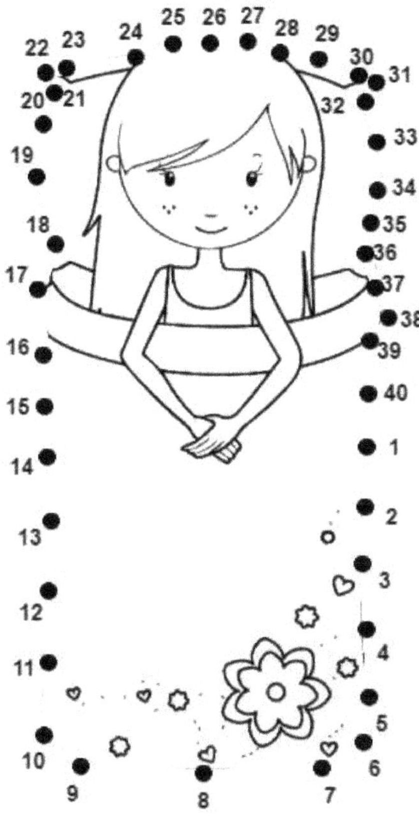

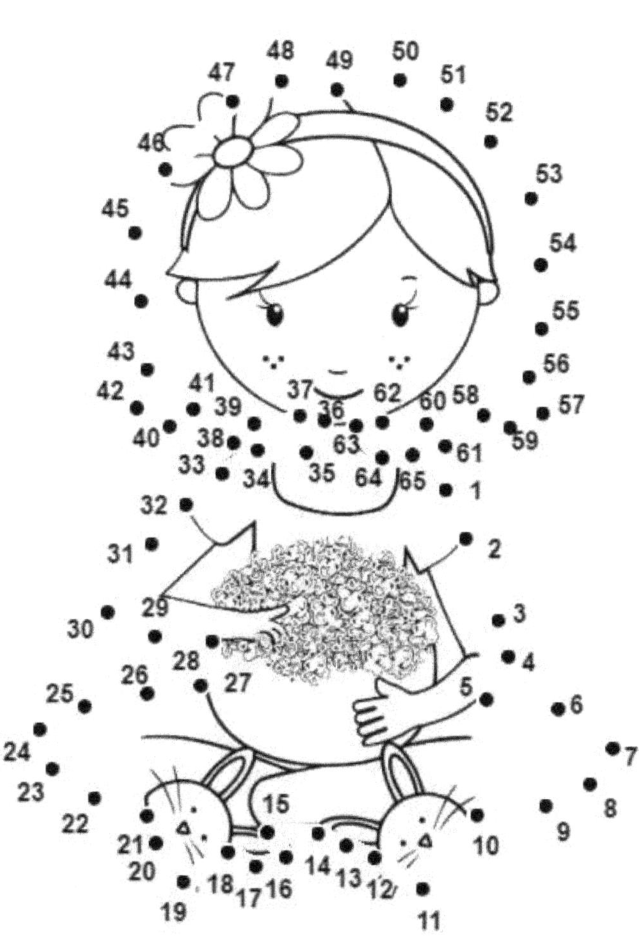

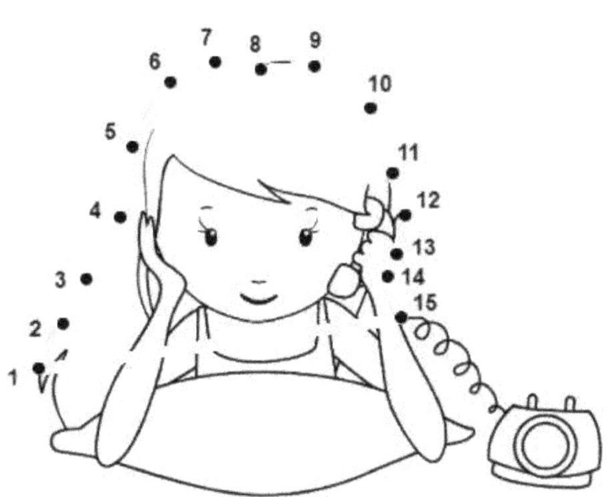

# Punto a punto y color

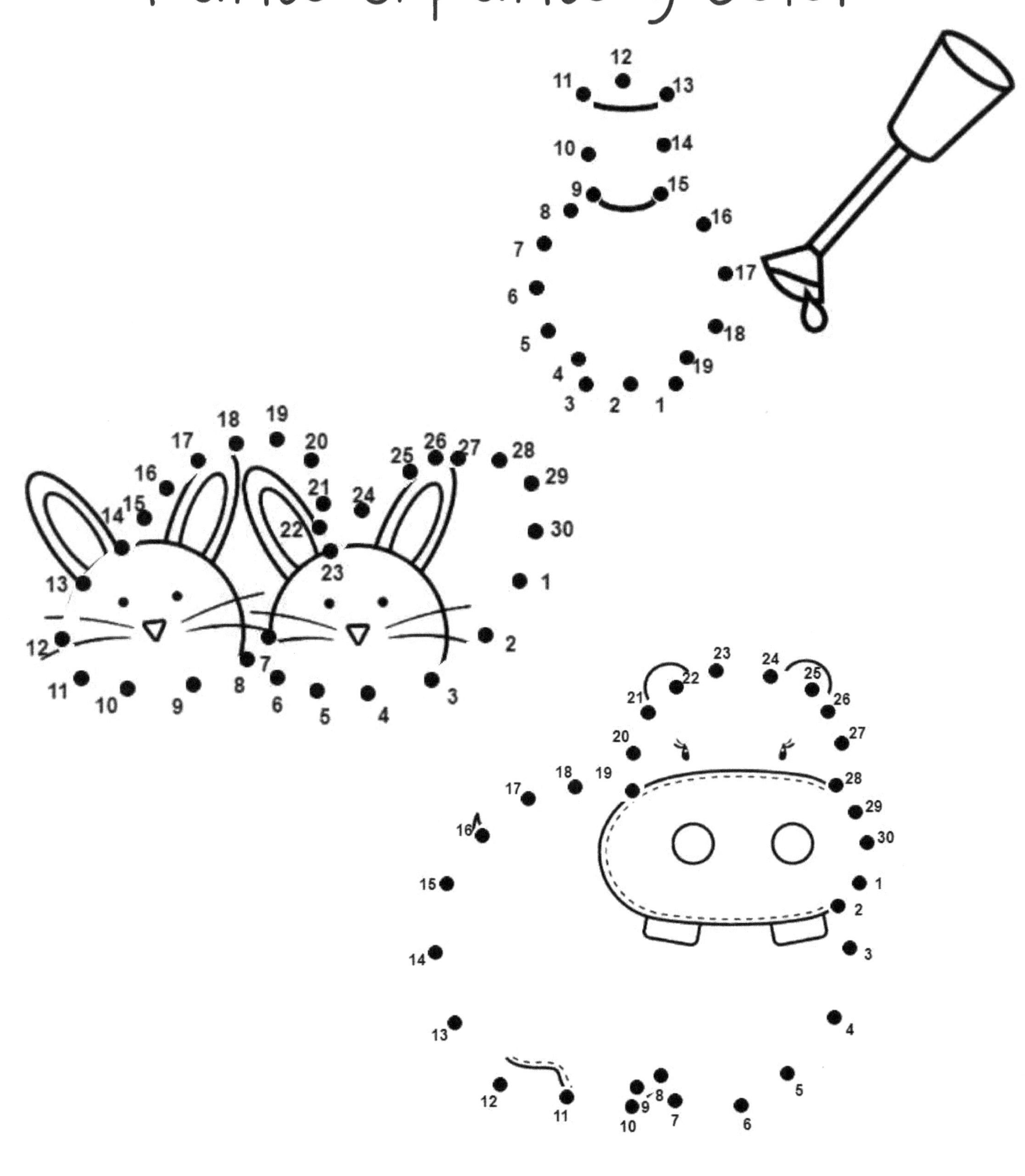

# Punto a punto y color

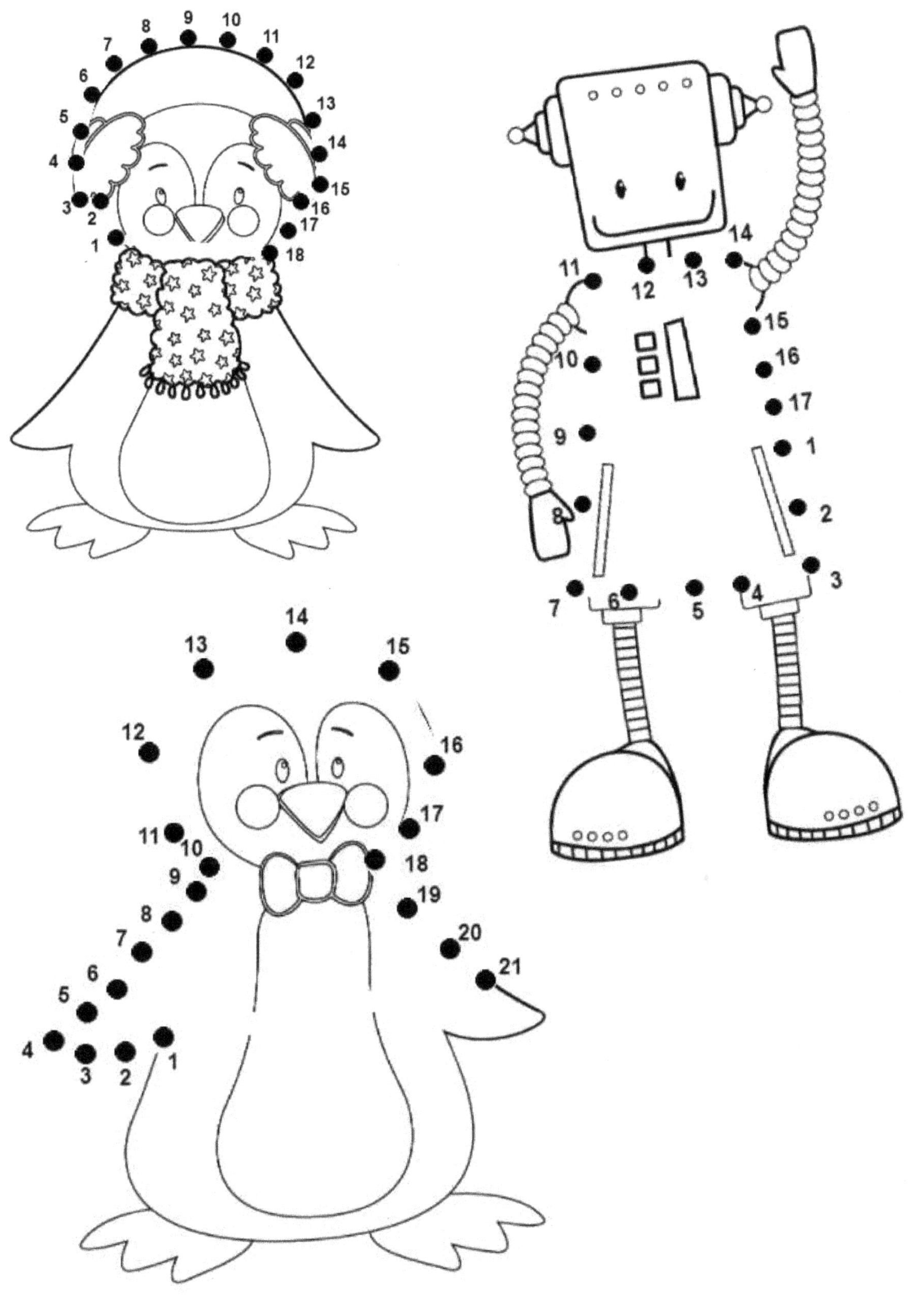

# Colorear por numeros

1. Rosa 2. Naranja 3. Amarillo 4. Violeta 5. Rojo 6. Azul

# Colorear por numeros

1.Rosa 2.Naranja 3.Amarillo 4.Verde 5.Rojo 6.Azul

# Colorear por numeros

1. Violeta 2. Naranja 3. Amarillo 4. Verde 5. Rojo 6. Azul

# Colorear por numeros

1. Marron 2. Naranja 3. Amarillo 4. Rosa 5. Rojo 6. Azul

# Colorear por numeros

1. Turquesa 2. Naranja 3. Amarillo 4. Rosa 5. Rojo 6. Azul

# Colorear por numeros

1. Marron 2. Naranja 3. Amarillo 4. Verde 5. Rojo 6 Azul

# Punto a punto y color

# Punto a punto y color

# Punto a punto y color

# Punto a punto y color

# Como dibujar paso a paso

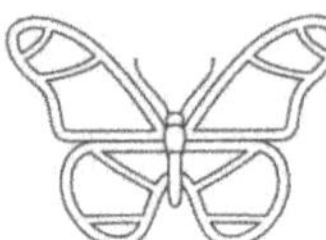

Mariposa

**1**

**2**

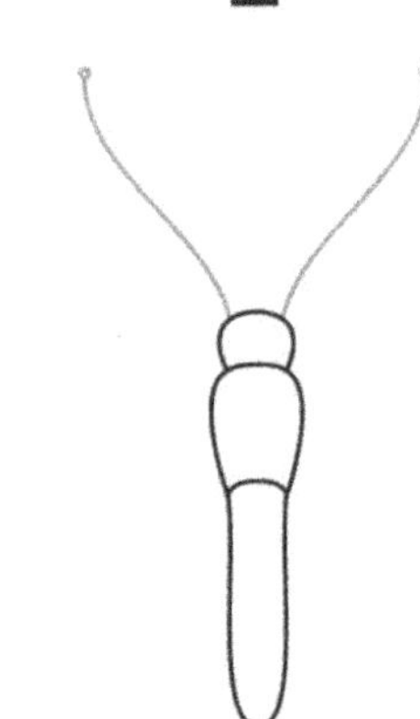

**3**

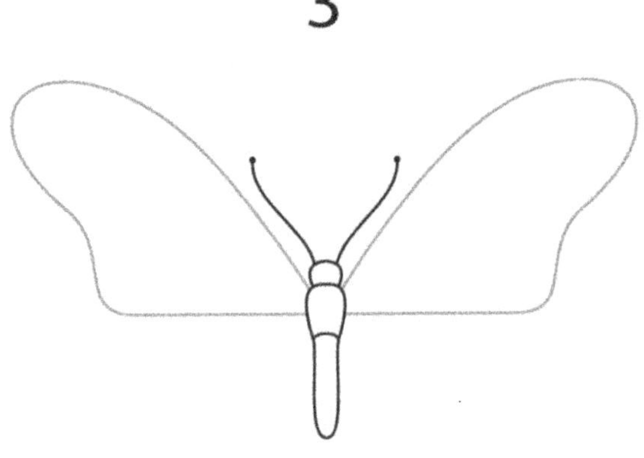

**4**

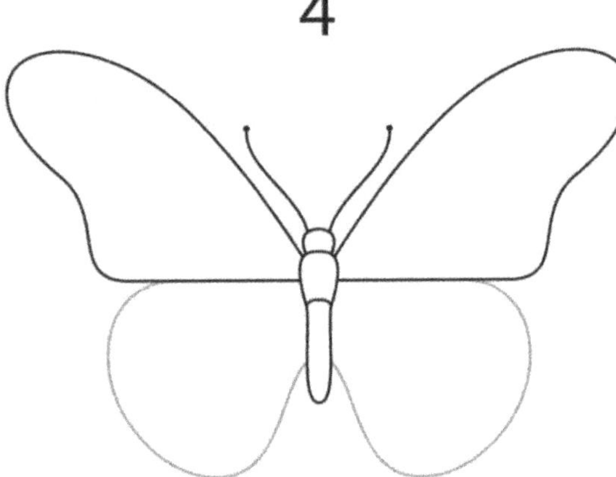

**5**

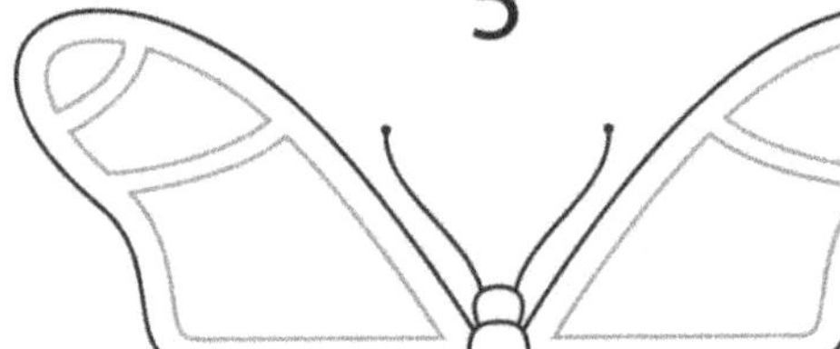
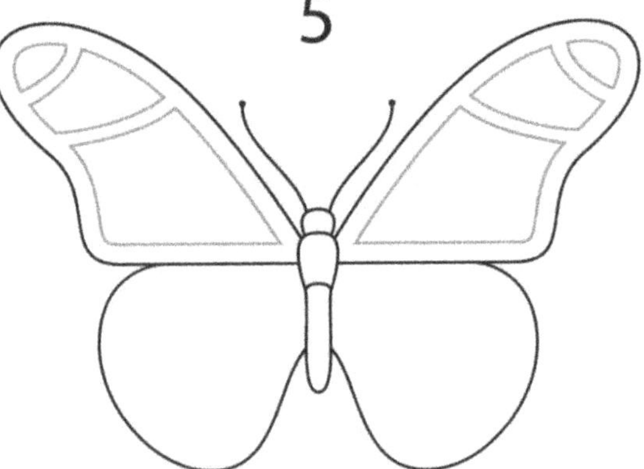

**6**

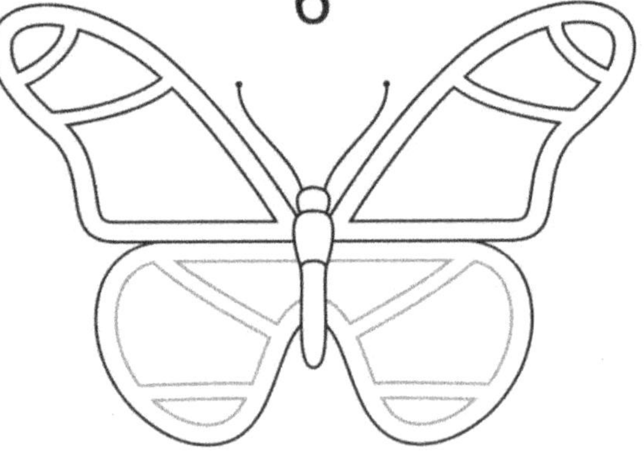

# Ahora es tu turno

# Como dibujar paso a paso

zorro

1

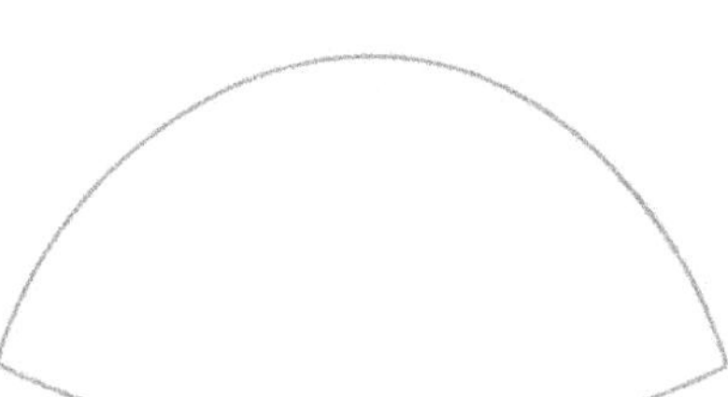

2

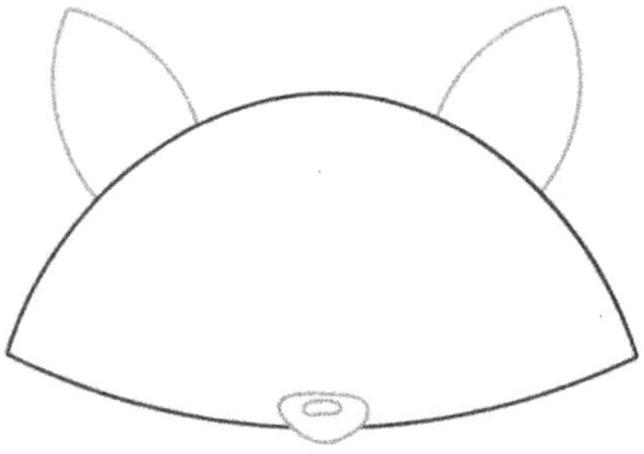

3

4

5

6

# Ahora es tu turno

# Como dibujar paso a paso

<u>Panda</u>

**1**

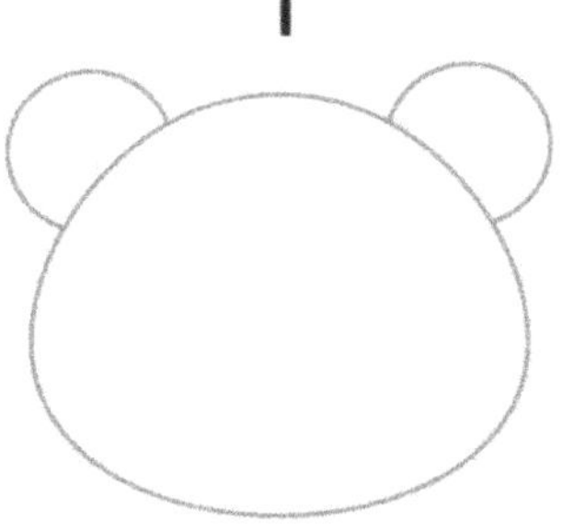

**2**

**3**

**4**

**5**

**6**

# Ahora es tu turno

# Como dibujar paso a paso

1

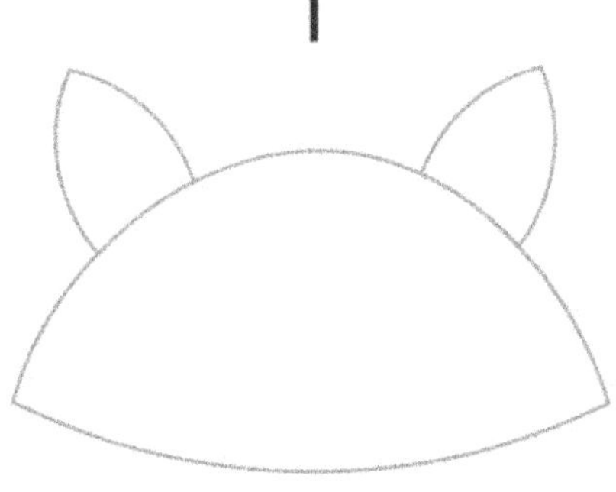

2

3

4

5

6

# Ahora es tu turno

# Como dibujar paso a paso

Mariposa 

1

2

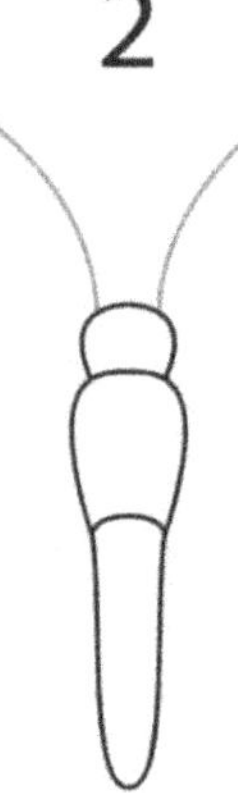

3

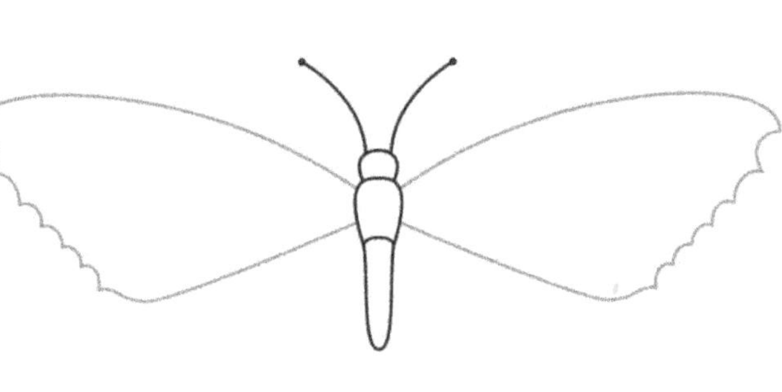

4

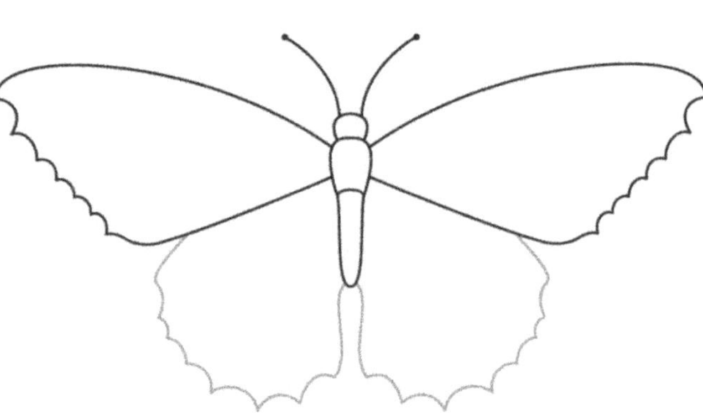

5

6

# Ahora es tu turno

# Terminar el boceto y colorear

# Terminar el boceto y colorear

# Terminar el boceto y colorear

# Terminar el boceto y colorear

# Terminar el boceto y colorear

# Terminar el boceto y colorear

# Terminar el boceto y colorear

# Terminar el boceto y colorear

# Coloreame

# Coloreame

# Coloreame

Coloreame

# Coloreame

Ouiero agradecerle la compra de este libro. Le agradeceria mucho que se tomara un momento y dejara su opinion. Ayuda a que nuestra pequena empresa crezca y llegue a mas gente.